Geflügelte Worte

Eine Auslese

Geflügelte Worte

Eine Auslese

Zusammenstellung und Redaktion: Maasburg GmbH, München
Innengestaltung: Eva Lörsch, Miesbach und Uschi Müller, München
Umschlaggestaltung und Konzeption: Bine Cordes, Weyarn
Printed in Germany
ISBN 3-929626-04-7

Inhaltsverzeichnis

Freunde und Verwandte

Wenn man verheiratet ist, ist es
aus und vorbei mit dem Eigenwillen.

Auerbach

Ein Onkel, der Gutes mitbringt, ist besser
als eine Tante, die bloß Klavier spielt.

Busch

Für die Kinder ist das
Beste grade gut genug.

Goethe

Was du ererbt von deinen Vätern hast,
erwirb es, um es zu besitzen.

Goethe

Man könnt' erzogene Kinder gebären,
wenn die Eltern erzogen wären.

Goethe

Vom Vater hab ich die Statur,
des Lebens ernstes Führen,
von Mütterchen die Frohnatur,
die Lust zu fabulieren.

Goethe

Ein lustiger Gefährte ist ein Rollwagen auf der Wanderschaft.

Goethe

Freund, wer ein Lump ist, bleibt ein
Lump, zu Wagen, Pferd und Fuße;
Drum glaub an keinen Lumpen je,
an keines Lumpen Buße.

Goethe

Im Ehestand muß man sich manchmal streiten, denn so erfährt man was voneinander.

Goethe

Wünscht bis zum Hochzeitsglücke
den Freiern Argusblicke;
doch in der Ehe taugen
am besten Maulwurfsaugen.

Haug

Im Unglück erkennt man die Freunde.

Herder

Es ist nicht etwas so seltenes, daß einer seine Ehre für ein Ehrenzeichen verkauft.

Jakobs

Diene deinen Freunden, ohne zu
rechnen.

Keller

Von dem, was man erworben,
ist das beste die Erinnerung,
wie man's erworben.

Kotzebue

Freundschaft ist die Blüte eines
Augenblicks und die Frucht der Zeit.

Kotzebue

Es wäre wenig in der Welt unternommen,
wenn man nur immer auf den Ausgang
gesehen hätte.

Lessing

Wenn eine Betschwester
einen Betbruder heiratet, so gibt das
nicht immer ein betendes Ehepaar.

Lichtenberg

Im Einander kennenlernen, heißt lernen,
wie fremd man einander ist.

Morgenstern

In einer guten Eh'
ist wohl das Haupt der Mann,
jedoch das Herz das Weib,
das er nicht missen kann.

Rückert

Ein leicht erwärmter Freund
wird leicht erkältet sein.

Rückert

Drum prüfe, wer sich ewig bindet,
ob sich das Herz zum Herzen findet.

Schiller

Ach, was für ein Kreuz ist doch
diese öde Familiensimpelei!

Wilde

Gesundheit und Krankheit

Wohl gibt es Fürsten,
die nach Wahrheit dürsten;
doch wenigen ward ein so gesunder
Magen, sie zu vertragen.

Bodenstedt

Ein gutes Mittel
gegen die Manager-Krankheit:
Stecke mehr Zeit in deine Arbeit
als Arbeit in deine Zeit.

Dürrenmatt

Nimmer begreift der Gesunde
die Krankheit, nimmer die Jugend,
daß ihr reiches Gemüt je
zu verarmen vermag.

Geibel

Was glänzt, ist für
den Augenblick geboren,
das Echte bleibt der Nachwelt
unverloren.

Goethe

Der Feige droht nur,
wo er sicher ist.

Goethe

Willst du in die Ferne schweifen?
Sieh, das Gute liegt so nah!

Goethe

Wenn du nicht irrst,
kommst du nicht zu Verstand,
willst du entstehn,
entsteh' auf eigne Hand.

Goethe

Mit erfrorenen Fingern
macht man keinen Knoten auf;
mit erkältetem Gemüt wird
leichtes schwer vollbracht.

Gotthelf

Gebt mir eine große Idee,
daß ich an ihr gesunde.

Herder

Ein guter Arzt rettet,
wenn nicht immer von der Krankheit,
doch von einem schlechten Arzte.

Jean Paul

Die Schmerzen der unerhörten Liebe
und die Schmerzen der Ehescheidung
erinnern an die Zähne, welche wehe tun,
wenn sie kommen, und wehe, wenn sie
ausgezogen werden.

Jean Paul

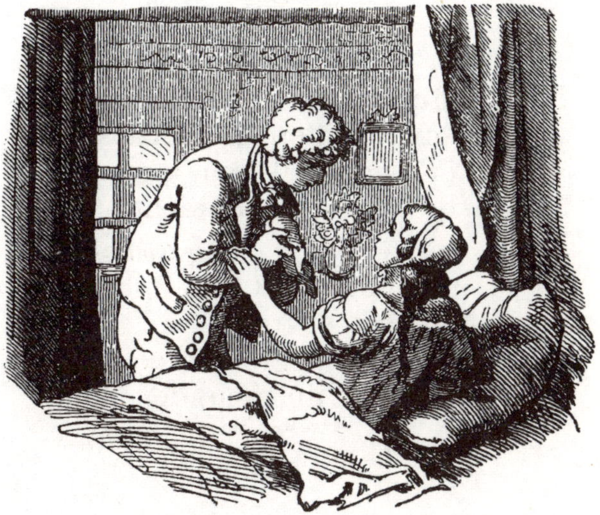

Ein gesunder Geist
in einem gesundem Körper.

Juvenal

Ein gesunder Körper ist gerne
gepaart mit einer heitern Seele.

Kotzebue

Es ist eine langweilige Krankheit,
seine Gesundheit durch eine allzustrenge
Diät erhalten zu wollen.

La Rochefoucauld

Das Gefühl für Gesundheit erwirbt
man sich nur durch Krankheit.

Lichtenberg

Freude, Mäßigkeit und Ruh,
schließt dem Arzt die Türe zu.

Logau

Jenseits von Gut und Böse.

Nietzsche

Wer sich nicht in den Tiefen duldet,
verstärkt sich nicht in den Höhen.

Pestalozzi

Ohne Geld ist die Ehre
nur eine Krankheit.

Racine

Alles zu retten, muß alles
gewagt werden. Ein verzweifeltes Übel
will eine verzweifelte Arznei.

Schiller

Nicht genug, dem Schwachen
aufzuhelfen, auch stützen muß man ihn.

Shakespeare

Wackrer Apotheker,
deine Tränke wirken schnell.

Shakespeare

Vielleicht heißt “Leiden” nichts anderes,
als ein tieferes Leben führen.

Vinet

Wer es dahin gebracht hat,
dem eigenen Leben zuschauen
zu können, ist dem Leiden
des Lebens entronnen.

Wilde

Glaube und Aberglaube

Allen, die mich kennen,
gebe Gott, was sie mir gönnen.

Albumvers

Der Gott, der Eisen wachsen ließ,
der wollte keine Knechte.

Arndt

Den Namen des Heilands hatte mein
Herz mit der Muttermilch eingesogen.

Augustinus

Zum Glauben geht der Weg
über den Unglauben.

Börne

Was ist selbst der glücklichste
Mensch ohne Glauben?
Eine schöne Blume in einem
Glase Wasser, ohne Wurzel und
ohne Dauer.

Börne

Aber hier, wie überhaupt,
kommt es anders, als man glaubt.

Busch

Was du sehen kannst, das siehe und
brauche deine Augen, und über das
Unsichtbare und Ewige halte dich
an Gottes Wort.

Claudius

Was du dir selbst glaubst,
glaubt dir jeder.

Feuchtersleben

Manche Hähne glauben,
daß die Sonne ihretwegen aufgeht.

Fontane

Studiere nur und raste nie!
Du kommst nicht weit mit
deinen Schlüssen; das ist das Ende
der Philosophie, zu wissen,
daß wir glauben müssen.

Geibel

Nach einer Prüfung kurzer Tage
erwartet uns die Ewigkeit.

Gellert

Der Aberglaube ist die Poesie
des Lebens; deswegen schadet's dem
Dichter nicht, abergläubisch zu sein.

Goethe

Wie einer ist, so ist sein Gott.
Darum ward Gott so oft zum Spott.

Goethe

Wen Gott niederschlägt,
der richtet sich selbst nicht auf.

Goethe

Wer nie sein Brot mit Tränen aß,
wer nie die kummervollen Nächte
auf seinem Bette weinend saß,
der kennt euch nicht,
ihr himmlischen Mächte!

Goethe

Wo ich ihn nicht hab', ist mir das Grab;
die ganze Welt ist mir vergällt.

Goethe

Wenn auch alle Lichter der Welt
erlöschen, der Lichtgedanke lebt doch:
Es gibt einen Gott.

Ibsen

Auch der demütigste Mensch
glaubt und hofft innerlich immer mehr,
als er auszusprechen wagt.

Keller

Der Aberglaub', in dem wir aufwachsen,
verliert, auch wenn wir ihn erkennen,
darum doch seine Macht nicht über uns.

Lessing

Das Herz verlangt vom Verstand,
der Verstand vom Herzen Glauben,
und doch glauben beide nur – an sich.

Lichtenberg

Gottes Mühlen mahlen langsam,
mahlen aber trefflich klein;
ob aus Langmut er sich säumet,
bringt mit Schärf' er alles ein.

Logau

Es trägt der echte Christ
den Glauben nicht am Rocke
und hängt die Frömmigkeit
nicht an die große Glocke.

Molière

Frage dich nur bei allem:
“Hätte Christus das getan?”
Das ist genug.

Morgenstern

Das ist sicher der beste
Katechismus, den die Kinder
ohne den Pfarrer verstehen.

Pestalozzi

Vom Übermaß der Lust
wird Leid hervorgebracht;
das Auge selber weint,
sobald man heftig lacht.

Rückert

Der Gedanke Gott
weckt einen fürchterlichen Nachbar auf:
sein Name heißt Richter.

Schiller

Und es herrscht der Erde Gott, das Geld.

Schiller

Was doch der Mensch nicht wagt
für den Gewinn.

Schiller

Alles wanket, wo der Glaube fehlt.

Schiller

Gott hilft nur dann, wenn Menschen
nicht mehr helfen.

Schiller

Dem lieben Gotte weich nicht aus,
findst du ihn auf dem Wege.

Schiller

Von der Stirne heiß,
rinnen muß der Schweiß,
soll das Werk den Meister loben;
doch der Segen kommt von oben.

Schiller

Da hilft nun kein Beten mehr.

Shakespeare

Liebe und Haß

Unsre Liebe endet nicht,
bis daß der Kater Junge kricht.

Albumvers

Tränen sind der
ewgen Liebe Boten.

Arndt

Die Liebe ist einäugig,
aber Haß gänzlich blind.

Auerbach

Liebe ist genauso notwendig
wie Brot.

Balzac

Auf den ersten Blick
ist jedes Mädchen zum Verlieben schön.
Auf den zweiten Blick kommt es an.

Bamm

Kann unsere Liebe anders
bestehen als durch Aufopferung,
durch Nicht-alles-verlangen?

Beethoven

Adam und Eva
haben's Lieben erdacht,
ich und mein Schätzle
haben's auch so gemacht.

Brentano

Soweit die Erde Himmel sein kann,
soweit ist sie es in einer glücklichen Ehe.

Ebner-Eschenbach

Küssen ist keine Sünd!
Mit einem schönen Kind.

Eysler

Die Liebe ist eine
ewige Unbefriedigtheit.

Gasset

Hassen heißt unablässig morden.

Gasset

Liebe, die von Herzen liebt,
ist am reichsten, wenn sie gibt;
Liebe, die von Opfern spricht,
ist schon rechte Liebe nicht.

Geibel

Viel besser ohne Glück,
als ohne Liebe sein.

Gellert

Freiwillige Abhängigkeit
ist der schönste Zustand, und wie wäre
der möglich ohne Liebe?

Goethe

Jede Anziehung ist wechselseitig.

Goethe

Wer nicht mehr liebt
und nicht mehr irrt,
der lasse sich begraben.

Goethe

Was man zu heftig fühlt,
fühlt man nicht allzulang.

Goethe

Ich liebe dich, mich reizt
deine schöne Gestalt!
Und bist du nicht willig,
so brauch ich Gewalt.

Goethe

Der Haß ist parteiisch,
aber die Liebe ist es noch mehr.

Goethe

Heut ist mir alles herrlich;
wenn's nur bliebe!
Ich sehe heute
durchs Augenglas der Liebe.

Goethe

Blamier mich nicht, mein schönes Kind.
Und grüß mich nicht unter den Linden;
wenn wir nachher zu Hause sind,
wird sich schon alles finden.

Heine

Hat man die Liebe durchgeliebt,
fängt man die Freundschaft an.

Heine

Es ist eine alte Geschichte,
doch bleibt sie immer neu.

Heine

Die Engel, die nennen es Himmelsfreud,
die Teufel, die nennen es Höllenleid,
die Menschen, die nennen es – Liebe.

Heine

Der größte Haß ist,
wie die größte Tugend und die
schlimmsten Hunde, still.

Jean Paul

Küsse sind der Liebe Sprache.

Keil

Die begründete wie die unbegründete
Eifersucht vernichtet diejenige Würde,
deren die gute Liebe bedarf.

Keller

Die Liebe klammert sich an alle
Würzelchen, welche helfen können.

Keller

Ein Geschenk aus der Hand der Liebe, –
da darf es der Bettler mit dem Fürsten
aufnehmen.

Kotzebue

Unter allen Torheiten,
die ein Mädchen begeht, ist immer ihre
erste Liebe eine der größten.

Kotzebue

Lieblich war die Maiennacht.

Lenau

Die fürchtende Liebe sieht weit.

Lessing

Die Leidenschaften machen
die besten Beobachtungen und
die elendsten Schlüsse.

Lichtenberg

Was aus Liebe getan wird,
geschieht immer
jenseits von Gut und Böse.

Nietzsche

Unter vielen schlimmen Dingen
ist das Schlimmste eine scharfe Zunge.

Schiller

Raum ist in der kleinsten Hütte
für ein glücklich liebend Paar.

Schiller

O, daß sie ewig grünen bliebe,
die schöne Zeit der jungen Liebe!

Schiller

Die Leidenschaft flieht,
die Liebe muß bleiben.

Schiller

Wir hassen bald,
was oft uns Furcht erregt.

Shakespeare

Die erste Liebe ist ein wenig Narretei
und eine Menge Neugier.

Shaw

Wenn Lippe gern auf Lippe ruht,
wir hindern's nicht, uns dünkt es gut.

Uhland

Die Liebe ist ein Stoff, den die Natur gewebt und die Phantasie bestrickt hat.

Voltaire

Ehen, aus leidenschaftlicher, blinder Liebe geschlossen, geraten selten.

C. J. Weber

Recht und Unrecht

Denn das Recht ist nichts anderes
als die in der staatlichen Gemeinschaft
herrschende Ordnung, und eben
dieses Recht ist es auch, das darüber
entscheidet, was gerecht ist.

Aristoteles

Es sind Gewalt und List
nur dies Geschlecht; was will, was soll,
was heißet denn das Recht?
Hast du die Macht, du hast das Recht
auf Erden.

Chamisso

Das höchste Recht ist
das höchste Unrecht.

Cicero

Ihr Toren und Wahnsinnigen,
wißt ihr denn nicht, daß das öffentliche
Recht erst an der Grenze der Zeit sein
Ende hat und keine Rechnung der
Verjährung unterliegt?

Dante

Das Recht des Stärkeren
ist das stärkste Unrecht.

Ebner-Eschenbach

Noch nie war einer glücklich, welcher
Unrecht tat.

Euripides

Das Recht muß seinen Gang haben, und
sollte die Welt darüber zugrunde gehen.

Kaiser Ferdinand I.

Wer einen Stein verrückt am Bau des
Rechtes, wirft das Haus zusammen.

Halm

Wie die Strahlen der Sonne,
so können des Rechts und der Wahrheit
Strahlen verlöschen nie; probier es,
sie zünden von selbst.

Herder

Vom Rechte, das mit uns geboren ist,
von dem ist leider! nie die Frage.

Goethe

Wer das Recht auf seiner Seite fühlt,
muß derb auftreten: ein höfliches Recht
will gar nichts heißen.

Goethe

Fürchterlich ist der
bedrängten Unschuld letzter Blick.

Goethe

Eigentlich ist es nur des Menschen,
gerecht zu sein und Gerechtigkeit zu
üben; denn die Götter lassen alle
gewähren: Ihre Sonne scheint über
Gerechte und Ungerechte.

Goethe

Niemand weiß, was er tut,
wenn er recht handelt:
aber des Unrechten sind wir uns
immer bewußt.

Goethe

Was aber helfen die
edelsten Rechte dem, der sie nicht
handhaben kann?

Grimm

Nur eine Schmach weiß ich auf dieser Erde, und die heißt: Unrecht tun.

Grillparzer

Die Energie der Liebe, mit der ein Volk seinem Rechte anhängt und es behauptet, bestimmt sich nach dem Einsatz
an Mühe und Anstrengung, um den es dasselbe erworben.

Ihering

Niemals empört etwas mehr als Ungerechtigkeit. Alle anderen Übel, die wir ausstehen, sind nichts dagegen.

Kant

Rechtliche Freiheit: Die Befugnis, keinen äußeren Gesetzen zu gehorchen, als zu denen ich meine Bestimmung habe geben können.

Kant

Das Recht ist Inbegriff der Bedingungen, unter denen die Willkür des einen mit der Willkür des anderen nach einem allgemeinen Gesetz der Freiheit in Einklang gebracht werden kann.

Kant

Die Menschen schämen sich nicht des Unrechts, das sie tun, sondern dessen, das sie leiden.

Leopardi

Um sicher Recht zu tun, braucht man sehr wenig vom Recht zu wissen. Allein, um sicher Unrecht zu tun, muß man die Rechte studiert haben.

Lichtenberg

Es gibt ein Recht, das alle Rechte bricht: das Recht zu leben und zu lieben.

Liehburg

Ihr kennt kein Völkerrecht ohne ein Volksrecht und kein Volksrecht ohne ein Menschenrecht.

Pestalozzi

Gerechtigkeit wird nur dort herrschen, wo sich die vom Unrecht nicht Betroffenen genau so entrüsten wie die Beleidigten.

Platon

Unrecht, durch Unrecht bekämpft,
wird noch mächtiger.

Rosegger

Es gibt Taten, die sich keinem
Menschenurteil mehr unterwerfen –
nur den Himmel zum Schiedsmann
erkennen.

Schiller

Vergiß nicht, daß es besser ist,
Opfer zu sein als Henker.

Tschechow

Armut und Reichtum

Ein schwerer Beutel macht leicht eitel.

Abraham a Santa Clara

Das ist der Fluch der Armut,
daß alle ihre Handlungen,
mögen sie noch so uneigennützig sein,
niedrigem Interesse
zugeschrieben werden.

Bodenstedt

Armut ist eine Sandbank,
Reichtum ein Felsen im Meer des Lebens.
Die Glücklichen schiffen hindurch.

Börne

Zum Reichtum führen viele Wege,
und die meisten von ihnen sind
schmutzig.

Cicero

Arme Leute schenken gern.

Ebner-Eschenbach

Geiz ist Grausamkeit gegen die
Dürftigen, und die Verschwendung
ist es nicht weniger.

Gellert

Arm am Beutel,
krank am Herzen.

Goethe

Fürchterlich ist einer,
der nichts zu verlieren hat.

Goethe

Schwer drückt ein voller Beutel,
schwerer ein leerer.

Haug

Wenn du aber gar nichts hast,
ach, so lasse dich begraben –
denn ein Recht zum Leben, Lump,
haben nur, die etwas haben.

Heine

Wenn wir es recht überdenken,
so stecken wir doch alle
nackt in unseren Kleidern.

Heine

Brotloseste der Künste, Poesie.

Heine

Das ist das Verdammte
an den kleinen Verhältnissen,
daß sie die Seele kleinmachen.

Ibsen

Ein Reicher ohne Freigiebigkeit
ist ein Baum, der weder Früchte
noch Schatten gibt.

C. F. W. Jacobs

Ein Volk, das ein wahres,
volkstümliches Bücherwesen besitzt,
ist Herr von einem unermeßlichen
Schatze.

Jahn

Die Armut und die Hoffnung
sind Mutter und Tochter.
Indem man sich mit der Tochter
unterhält, vergißt man
die andere.

Jean Paul

Die Macht kann nicht
milde genug aussehen.

Jean Paul

In geborgtem Geld ist kein Segen.

Keller

Armut schändet nicht,
ist ein Sprichwort, das alle Menschen im
Munde führen und keiner im Herzen.

Kotzebue

Man wird des Guten und auch
des Besten, wenn es alltäglich zu sein
beginnt, sobald satt.

Lessing

Die Kunst geht nach Brot.

Lessing

Nur der Betrug entehrt, der Irrtum nie.

Lichtenberg

Der Dank ist für kleine Seelen eine drückende Last, für edle Herzen ein Bedürfnis.

Lichtenberg

Man kann den Armen nicht helfen, indem man die Reichen vernichtet.

Lincoln

O Mensch, das Geld ist nur Chimäre.

Morgenstern

Man kann arm sein bei großem Gut.
Im Gemüt liegt Reichtum und Armut.

H. Müller

Wenn der Bauer wird ein Edelmann,
so guckt er den Pflug mit Brillen an.

W. Müller

Wenn die Armut durch die Türe
kommt geschlichen in das Haus,
stürzt auch schon die falsche
Freundschaft aus dem Fenster
sich heraus.

W. Müller

Der Reichtum besteht nicht im Besitz von Schätzen, sondern in der Anwendung, die man von ihnen zu machen versteht.

Napoleon I.

Aus Eigennutz entspringt
die Dankbarkeit der meisten
für einen Dienst,
den ihr geleistet oder leisten.

Rückert

Der Geist denkt, das Geld lenkt.

Spengler

Es gibt nur eine Klasse in der Gesellschaft, die mehr an Geld denkt als die Reichen. Das sind die Armen.

Wilde

Geduld und Ungeduld

Geduld ist gezähmte Leidenschaft.

Abbott

Duldsame Menschen sind die ungeduldigsten und geduldige die unduldsamsten.

Börne

Gehorche der Obrigkeit und lasse die andern über sie streiten.

Claudius

Die meiste Nachsicht übt der, der die wenigste braucht.

Ebner-Eschenbach

Wer in die Öffentlichkeit tritt, hat keine Nachsicht zu erwarten und keine zu fordern.

Ebner-Eschenbach

Sei nicht ungeduldig,
wenn man deine Argumente
nicht gelten läßt.

Goethe

Jedem redlichen Bemühn
sei Beharrlichkeit verliehn.

Goethe

Stein auf Stein, mit Vorbedacht,
gibt zuletzt auch ein Gebäude.

Goethe

Kann der Blick nicht überzeugen,
überredt die Lippe nicht.

Grillparzer

Was lange dauern soll,
sei lang' erwogen.

Grillparzer

Man muß die Zukunft abwarten und die Gegenwart genießen oder ertragen.

Humboldt

Es ist ebenso nutzlos als töricht, sich nicht in das Unabänderliche ruhig und still zu fügen.

Humboldt

Es ist unglaublich, wieviel Kraft die Seele
dem Körper zu verleihen vermag.

Humboldt

Die Gabe, sich widersprechen zu lassen,
ist wohl überhaupt eine Gabe, die unter
den Gelehrten nur die Toten haben.

Lessing

Entweder ist nichts verloren oder alles.
Ruhig sein können und ruhig sein
müssen – kömmt es nicht auf eines?

Lessing

Leichter traget, was er trägt,
wer Geduld zur Bürde legt.

Logau

In wenig Tagen
kann sich viel ereignen.

Schiller

Die Zeit bringt Rat.
Erwartet's in Geduld.
Man muß dem Augenblick
auch was vertrauen.

Schiller

Doch große Seelen
dulden still.

Schiller

Geduld ist die Kunst zu hoffen.

Schleiermacher

Wer vor der Zeit beginnt,
der endigt früh.

Shakespeare

Geduld ist für Memmen.

Shakespeare

Übereilte Eh' tut selten gut.

Shakespeare

Es ist die Zeit ein milder Gott.

Sophokles

Denn still zu dulden lehrte mich
ein Mißgeschick, des Lebens lange Dauer
und ein edler Sinn.

Sophokles

Weiber sind im Unglück größer als
Männer vermöge der weiblichen
Kardinaltugend Geduld.

Weber

Zufriedenheit und Neid

Sitzt die Maus am Speck,
so piept sie nicht.

Abraham a Santa Clara

Wer still steht geht zurück;
wer auf Lorbeern ruht,
die er nicht brach, liegt nur auf einer
schöneren Bärenhaut.
Nur wer immer mehr tun will,
als schon getan ist, wird das tun,
was er kann.

Arndt

Drum lebe mäßig, denke klug,
wer nichts gebraucht, der hat genug.

Busch

Frohsinn und Zufriedenheit
sind große Verschönerer und berühmte
Pfleger vom jugendlichen Aussehen.

Dickens

Hast du im Tal ein sichres Haus,
dann wolle nie zu hoch hinaus.

Förster

Zufriedenheit ist der Stein der Weisen.
Zufriedenheit wandelt in Gold,
was immer sie berührt.

Franklin

Wenn der Tor seinen Brei nur hat,
was kümmern ihn dann Kirch' und Staat.

Freidank

Neid ist eine Art Lob.

Gay

Genieße, was Gott dir beschieden,
entbehre gern, was du nicht hast!
Ein jeder Stand hat seinen Frieden,
ein jeder Stand auch seine Last.

Gellert

Die wahre Ruhe der Gemüter
ist Tugend und Genügsamkeit.

Gellert

Anmut bringen wir ins Leben;
leget Anmut in das Geben.
Leget Anmut ins Empfangen,
lieblich ist's, den Wunsch erlangen.
Und in stiller Tage Schranken
höchst anmutig sei das Danken.

Goethe

Das Größte will man nicht erreichen,
man beneidet nur seinesgleichen;
der schlimmste Neidhart ist in der Welt,
der jeden für seinesgleichen hält.

Goethe

Neider sind Feinde.

Goethe

Wer fertig ist,
dem ist nichts recht zu machen;
ein Werdender wird immer
dankbar sein.

Goethe

Des Lebens Mühe lehrt uns allein
des Lebens Güter schätzen.

Goethe

Der Neider steht als
Folie des Glücks.

Goethe

Wie selten ist der Mensch
mit dem Zustande zufrieden,
in dem er sich befindet!
Er wünscht sich immer den
seines Nächsten, aus welchem sich
dieser ebenfalls heraussehnt.

Goethe

Nie hat Ehre noch erstritten,
der sie andern abgeschnitten.

Haug

Ergebung und Genügsamkeit
sind es vor allem, die sicher durch
das Leben führen.

Humboldt

Ich genieße alles dankbar,
was von außen kommt,
aber ich hänge an nichts.

Humboldt

Um das Große zu schätzen und lieben,
mußt du dich erst an dem Kleinen üben.

Keil

Was wir aufgeben, müssen wir
mit freier Wahl aufgeben, nicht wie
der Fuchs die Trauben.

Keller

Beneiden heißt
Unterlegenheit bekennen.

Lespinasse

Genügsamkeit und Seelenfrieden
gedeihen in einer ländlichen Hütte
besser als in einem prunkvollen
Stadthause.

Munthe

Vergangenes Leid muß
Wohlsein fühlen lehren.
Wer nie gedarbt,
ist ohne Freude reich.

Pestalozzi

Genügsamkeit ist
natürlicher Reichtum,
Luxus künstliche Armut.

Sokrates

Genieße still zufrieden
den sonnig heitern Tag;
Du weißt nicht, ob hienieden
ein gleicher kommen mag.

Sturm

Die Menschen tun mancherlei,
um geliebt zu werden.
Alles aber setzen sie daran,
um beneidet zu werden.

Twain

Man soll die Dinge nicht so tragisch nehmen, wie sie sind.

Valentin

Es gibt viele Dinge, die wir am liebsten wegwerfen wollten, fürchteten wir nicht, daß andere sie aufheben.

Wilde

Ansichten und Einsichten

Es ist selten ein Buch ohne Eselsohr.

Abraham a Santa Clara

Aufgeschoben ist nicht aufgehoben.

Arnobius

Eine Idee muß Wirklichkeit
werden können oder sie ist eine
eitle Seifenblase.

Auerbach

Man muß sich nur aus Eigensinn
auf die schlechtere Seite stellen,
wenn sich der Gegner bereits auf
die bessere gestellt hat.

Balthasar

Die Weisheit gibt
der Anmut Stärke, die Anmut gibt
der Weisheit Glanz.

Bodenstedt

Das Gute – dieser Satz steht fest –
ist stets das Böse, was man läßt.

Busch

Was ist am schwersten zu erreichen? –
“Daß man sich selber
hinter die Schliche kommt.”

Busch

Musik wird oft nicht schön gefunden,
weil sie stets mit Geräusch verbunden.

Busch

Den leeren Schlauch bläst der Wind auf;
den leeren Kopf der Dünkel.

Claudius

Urteile von einem Menschen lieber
von seinen Handlungen als nach seinen
Worten; denn viele handeln schlecht
und sprechen vortrefflich.

Claudius

Nur wer bereut,
dem wird verziehn im Leben.

Dante

Ausdauer ist eine Tochter der Kraft,
Hartnäckigkeit eine Tochter
der Schwäche, nämlich –
der Verstandesschwäche.

Ebner-Eschenbach

Fortwährendem Entbehren folgt
Stumpfheit ebenso gewiß wie
übermäßigem Genuß.

Ebner-Eschenbach

Den Geschmack kann man nicht am Mittelgut bilden, sondern nur am Allervorzüglichsten.

Eckermann

Niemals fühlt man sich einsamer als in großer Gesellschaft.

Eulenberg

Was man als Blindheit des Schicksals bezeichnet, ist in Wirklichkeit bloß die Kurzsichtigkeit der Menschen.

Faulkner

Wer keine üblen Gewohnheiten hat, hat wahrscheinlich keine Persönlichkeit.

Faulkner

Autodidakten übertreiben immer.

Fontane

Aller Größe Keim,
er heißt Entsagung.

Fontane

Am Mute hängt der Erfolg.

Fontane

Wo Verstand befiehlt,
ist der Gehorsam leicht.

Fontane

So fühlt man die Absicht,
und man ist verstimmt.

Goethe

Das Absurde, mit Geschmack
dargestellt, erregt Widerwillen und
Bewunderung.

Goethe

Weil du die Augen offen hast,
glaubst du, du siehst.

Goethe

Wer lange bedenkt, der wählt
nicht immer das Beste.

Goethe

In der Beschränkung zeigt sich erst der
Meister, und das Gesetz nur kann uns
Freiheit geben.

Goethe

Es wandert niemand
ungestraft unter Palmen.

Goethe

Wenn man von den Leuten
Pflichten fordert und ihnen
keine Rechte zugestehen will,
muß man sie gut bezahlen.

Goethe

Keine Probe ist gefährlich,
zu der man Mut hat.

Goethe

Jeder Irrtum hat drei Stufen;
auf der ersten wird er ins Dasein gerufen,
auf der zweiten will man ihn nicht
eingestehen, auf der dritten
macht nichts ihn ungeschehen.

Grillparzer

Es ist kein Autor so gering und klein,
der nicht dächt, etwas Rechts zu sein.

Hauff

Bewunderung, die man erfährt,
macht klein, Geringschätzung groß.

Hauptmann

Wir können zuweilen
lächerlich werden, ohne im geringsten
selbst daran schuld zu sein.

Heine

Ohne Gelegenheit ist die Hand des Starken in Fesseln; nützet dem Löwen die Kraft, dem man die Klaue geraubt?

Herder

Wenn du an dir nicht Freude hast, die Welt wird dir nicht Freude machen.

Heyse

Wenn jemand bescheiden bleibt, nicht beim Lobe, sondern beim Tadel, dann ist er's.

Jean Paul

Wer den kleinsten Teil seines Geheimnisses hingibt, hat den anderen nicht mehr in der Gewalt.

Jean Paul

Kleider machen Leute.

Keller

Laster, die zur Gewohnheit geworden sind, sind nicht auszurotten.

Kleist

Beharrlichkeit wird zuweilen mit Eigensinn verwechselt.

Kotzebue

Der Wille, und nicht die Gabe
macht den Geber.

Lessing

Nicht jeder, der den Pinsel
in die Hand nimmt und Farben
verquistet, ist ein Maler.

Lessing

Es ist eine alte Regel:
Ein Unverschämter kann bescheiden
aussehen, wenn er will, aber kein
Bescheidener unverschämt.

Lichtenberg

Wir irren allesamt,
nur jeder irret anders.

Lichtenberg

Vieles Lesen macht
stolz und pedantisch; viel sehen macht
weise, vernünftig und nützlich.

Lichtenberg

Die Freundschaft, die der Wein gemacht,
wirkt wie der Wein, nur eine Nacht.

Logau

Von Hundert, die von “Menge”,
von “Herde” reden, gehören
neunundneunzig selbst dazu.

Morgenstern

Die Eitelkeit anderer
geht uns nur dann wider den Geschmack,
wenn sie wider unsre Eitelkeit geht.

Nietzsche

Geschichte kann man
nicht sehen, ebensowenig wie man
Gras wachsen sieht.

Pasternak

Der Starke ist am mächtigsten
allein.

Schiller

Allzu straff gespannt,
zerspringt der Bogen.

Schiller

Anders, begreif ich wohl,
als sonst in Menschenköpfen malt sich
in diesem Kopf die Welt.

Schiller

Es kann der Frömmste nicht
in Frieden leben, wenn es dem bösen
Nachbarn nicht gefällt.

Schiller

Dem Mimen flicht die Nachwelt
keine Kränze.

Schiller

Jugend und Alter

Doch schmerzlich denkt
manch alter Knaster,
der von vergangenen Zeiten träumt,
an die Gelegenheit zum Laster,
die er versäumt.

Busch

Das Alter verklärt oder versteinert.

Ebner-Eschenbach

Man sagt "in jungen Jahren" und "in alten Tagen". Weil die Jugend Jahre und das Alter nur noch Tage vor sich hat.

Ebner-Eschenbach

Man muß keine Jugendfehler ins Alter hineinnehmen, denn das Alter führt seine eigenen Mängel mit sich.

Eckermann

Dem grauen Scheitel
fällt das Lernen schwer.

Geibel

Wer in der Jugend spart,
der darbt im Alter nicht.

Gellert

Die Menschen halten sich mit ihrer
Neigung ans Lebendige.
Die Jugend bildet sich wieder
an der Jugend.

Goethe

Ich bin zu alt, um nur zu spielen,
zu jung, um ohne Wunsch zu sein.

Goethe

Keine Kunst ist's, alt zu werden;
es ist Kunst, es zu ertragen.

Goethe

Wer alt mit Fürsten wird, lernt vieles,
lernt zu vielem schweigen.

Goethe

Was man in der Jugend wünscht,
hat man im Alter die Fülle.

Goethe

Ich kann das Predigen
nicht vertragen; ich glaube,
ich hab in meiner Jugend
mich daran übergessen.

Goethe

Befriedigung, die ich
nach außen träumte,
kam nun von innen
selber in mein Dach.
Das Leben rächt ja stets,
was es versäumte:
Ich hole meine
Jugendjahre nach.

Grillparzer

Der Greis wird wieder Kind,
aber ein Kind für jene Welt.

Hebbel

Das Alter ist nicht trübe, weil darin
unsere Freuden, sondern weil unsere
Hoffnungen aufhören.

Jean Paul

Einen großen Reiz des Alters
vergißt man gewöhnlich,
nämlich ruhige Resignation.

E. Karl

Nichts verächtlicher
als ein brausender Jünglingskopf
mit grauen Haaren.

Lessing

Die Jugend zeigt den Mann,
gleichwie der Morgen
den Tag verkündet.

Milton

Jung verzogen, alt verbogen;
jung gebogen, wohl gezogen.

Pestalozzi

Gesang und Liebe
in schönem Verein,
sie erhalten dem Leben
den Jugendschein.

Schiller

Die Jahre fliegen pfeilgeschwind.

Schiller

Sucht den ruhenden Pol in der
Erscheinungen Flucht.

Schiller

Kinder, wie die Zeit vergeht.

Schröder

Die Jugend ist etwas Wundervolles.
Es ist eine wahre Schande, daß man sie
an Kinder vergeudet.

Shaw

Die Tragödie des Alters beruht nicht
darin, daß man alt ist, sondern daß man
nicht mehr jung ist.

Wilde

Leben und Tod

Jene, die nach Art des Schwans
zu singen anhub letzten Todesklaggesang.

Aeschylus

Die Erinnerungen verschönen
das Leben, aber das Vergessen allein
macht es erträglich.

Balzac

Gewöhne dich, da stets der Tod
dir dräut, dankbar zu nehmen,
was das Leben beut.

Bodenstedt

Ob wir spotten oder ernst sind,
kriechen oder hüpfen, zaudern oder
fortstürmen, hoffen oder fürchten,
glauben oder zweifeln, – am Grabe
begegnen wir uns alle.

Börne

Er starb – post Christum natum –
ich weiß nicht mehr das Datum.

Bürger

Lasset uns des flücht'gen
Tags genießen, gilt's vielleicht doch,
morgen schon zu sterben.

Chamisso

Nur der Denkende erlebt sein Leben,
an Gedankenlosen zieht es vorbei.

Ebner-Eschenbach

Das ganze Geheimnis,
sein Leben zu verlängern, besteht darin:
es nicht zu verkürzen.

Feuchtersleben

Ein ewig Rätsel ist das Leben,
und ein Geheimnis bleibt der Tod.

Geibel

Der Geizhals bleibt im Tode karg;
zween Blicke wirft er auf den Sarg,
und tausend wirft er mit Entsetzen
nach den mit Angst verwahrten Schätzen.

Gellert

Abwechslung ohne Zerstreuung
wäre für Lehre und Leben der
schönste Wahlspruch.

Goethe

Frei Atmen macht
das Leben nicht allein.

Goethe

Man lebt nur einmal in der Welt.

Goethe

Denn alles, was entsteht,
ist wert, daß es zugrunde geht.

Goethe

Greifet nur hinein ins volle
Menschenleben! Ein jeder lebt's,
nicht vielen ist's bekannt, und wo ihr's
packt, da ist's interessant.

Goethe

Das Leben gleicht jener
beschwerlichen Art zu wallfahrten,
wo man drei Schritte vor und zwei
zurücktun muß.

Goethe

Ein unnütz Leben
ist ein früher Tod.

Goethe

Ich höre auf zu leben,
aber ich habe gelebt.

Goethe

O sähst du, voller Mondenschein,
zum letztenmal auf meine Pein.

Goethe

Das Grab ist eine Brück'
ins bess're Leben.
Den Brückenzoll müßt
ihr dem Arzte geben.

Haug

Mein Magen hat wenig Sinn
für Unsterblichkeit.

Heine

Die Ehre, einmal erkrankt und dann nicht rasch geheilt, steht niemals wieder von den Toten auf.

Hebbel

Was wäre das Leben ohne Hoffnung!

Hölderlin

Leben heißt – dunkler Gewalten Spuk bekämpfen, in sich dichten, Gerichtstag halten über sein eigenes Ich.

Ibsen

Man steigt den grünen Berg
des Lebens hinauf, um oben auf dem
Eisberge zu sterben.

Jean Paul

Der denkende Künstler ist
noch eins so viel wert.

Lessing

Gestern liebt' ich, heute leid' ich:
morgen sterb' ich. Dennoch denk' ich
heut' und morgen gern an gestern.

Lessing

Wo Mäßigung ein Fehler ist, da ist
Gleichgültigkeit ein Verbrechen.

Lichtenberg

Die meisten Poeten kommen erst
nach ihrem Tode zur Welt.

Lichtenberg

Gegen den Tod gibt es
keinen Dispens von Rom.

Molière

Leben ist die Suche des Nichts
nach dem Etwas.

Morgenstern

Nirgends kann das Leben so roh wirken,
wie konfrontiert mit edler Musik.

Morgenstern

Gott allein weiß, wann es Ihm gutdünkt,
zu schlagen, es steht bei Ihm, das Leben
zu nehmen, das Er gegeben hat.

Munthe

Man soll vom Leben scheiden, wie
Odysseus von Nausikaa schied –
mehr segnend als verliebt.

Nietzsche

Der Tod ist das Ende aller Dinge
des menschlichen Lebens, nur des
Aberglaubens nicht.

Plutarch

Man lebt nicht zweimal,
und wie groß ist deren Zahl,
die leben auf der Welt
auch einmal nicht einmal.

Rückert

Das Alte stürzt, es ändert sich die Zeit,
und neues Leben blüht aus den Ruinen.

Schiller

Ernst ist das Leben, heiter ist die Kunst.

Schiller

Mach' deine Rechnung
mit dem Himmel, Vogt, fort mußt du,
deine Uhr ist abgelaufen.

Schiller

Noch keinen sah ich fröhlich enden,
auf den mit immer vollen Händen
die Götter ihre Gaben streuen.

Schiller

Alle Pfade, die zum Leben führen,
alle führen zum gewissen Grab.

Schiller

Das Leben ist nur ein Moment,
der Tod ist auch nur einer.

Schiller

Es stirbt der Feige oftmals,
eh' er stirbt.

Shakespeare

Frauen und Männer

Eine Frau von innerer Güte ist immer
liebenswürdig befunden worden,
und eine, die noch nach drei Tagen
häßlich gefunden wird,
ist gewiß nicht liebenswürdig.

Börne

Nach reichen Weibern frei'n,
wird manchen noch gereu'n.

Bürger

Beim Duett sind stets zu sehn
zwei Mäuler, welche offen stehn.

Busch

Ein Haar in der Suppe
mißfällt uns sehr, selbst wenn es vom
Haupt der Geliebten wär.

Busch

Die Frau verliert in der Liebe
zu einem ausgezeichneten Manne
das Bewußtsein ihres eigenen Wertes;
der Mann kommt erst recht zum
Bewußtsein des seinen durch die
Liebe einer edlen Frau.

Ebner-Eschenbach

Eine gescheite Frau
hat Millionen geborener Feinde:
alle dummen Männer.

Ebner-Eschenbach

Große Männer verdanken
ein Viertel ihres Ruhmes der Kühnheit,
zwei Viertel dem Glück und das
letzte Viertel ihren Verbrechen.

Foscolo

Vergnügen sucht der Mann
sich in Gefahren.

Goethe

Verheiratete Frauen, wenn sie sich auch untereinander nicht lieben, stehen doch stillschweigend miteinander, besonders gegen junge Mädchen, im Bündnis.

Goethe

Die liebenswürdigste der Frauen wird immer auch die schönste sein.

Kotzebue

Auch ist ein Mann von Geschmack noch lange kein Kunstrichter.

Lessing

Gelegenheit macht Diebe nicht allein,
sie macht auch große Männer.

Lichtenberg

Die Natur hat die Frauenzimmer
so geschaffen, daß sie nicht nach
Prinzipien, sondern nach
Empfindung handeln sollten.

Lichtenberg

Im echten Manne ist ein Kind versteckt;
das will spielen. Auf, ihr Frauen, so
entdeckt mir doch das Kind im Manne.

Nietzsche

Ein Diplomat ist ein Mann, der die
Paukenschläge der Staatsmänner in zarte
Harfenklänge verwandeln soll.

O'Neill

Großen Herren und schönen Frauen
soll man gern dienen und wenig trauen.

Rollenhagen

Wo unter einem Dach
beisammen zwei entgegengesetzte
Winde sind, wird nie der Sturm
sich legen.

Rückert

Wo leer zur Essenszeit
im Hause sind die Töpfe,
die werfen Mann
und Frau einander
an die Köpfe.

Rückert

Die Magd, wo sie wird Frau im Haus,
die schickt ihre Mägd' im ärgsten
Regen raus.

Rückert

Nur wer die Liebe kennt,
der kennt die Frauen.

Schefer

Ich weiß den Mann von
seinem Amt zu unterscheiden.

Schiller

Ehret die Frauen, sie flechten und weben
himmlische Rosen ins irdische Leben.

Schiller

Dem Mann kann geholfen werden.

Schiller

Ein Mann ist viel wert in so teurer Zeit.

Schiller

Nachzuahmen erniedrigt
einen Mann von Kopf.

Schiller

Musik ist der Schlüssel
vom weiblichen Herzen.

Seume

Männer sind Mai, wenn sie freien,
und Dezember in der Ehe.

Shakespeare

Bescheidenheit ist eine Eigenschaft,
welche die Frauen an einem Liebhaber
mehr loben als lieben.

Sheridan

Ich schwör' auf keinen einzeln Mann;
denn einer bin auch ich.

Uhland

Wenn ein Mann etwas ganz Blödsinniges tut, so tut er es immer aus den edelsten Motiven.

Wilde

Männer wollen immer die erste Liebe einer Frau sein, Frauen sind gerne der letzte Roman eines Mannes.

Wilde

Klugheit und Dummheit

Der Priester muß lehren, die Obrigkeit wehren, die Bauernschaft nähren.

Albertus

Ohne Fundament in die Luft gebaut.

Augustinus

Ein Mann von Geist wird nicht
allein nie etwas Dummes sagen,
er wird auch nie etwas
Dummes hören.

Börne

Es gibt Menschen,
die geizen mit ihrem Verstande,
wie andere mit ihrem Gelde.

Börne

Dumme Gedanken hat jeder,
nur der Weise verschweigt sie.

Busch

Klug ist, wer stets
zur rechten Stunde kommt, doch klüger,
wer zu gehn weiß, wann es frommt.

Geibel

Mich dünkt, ich hör ein ganzes Chor
von hunderttausend Narren sprechen.

Goethe

Alles Gescheite ist schon gedacht
worden, man muß nur versuchen,
es noch einmal zu denken.

Goethe

Es gibt viele Menschen, die sich
einbilden, was sie erfahren, das
verstünden sie auch.

Goethe

Gescheite Leute sind immer das
beste Konversationslexikon.

Goethe

Es ist dem geselligen Menschen ganz gleichgültig, ob er nutzt oder schadet, wenn er nur unterhalten wird.

Goethe

Ein Kranz ist gar viel leichter binden,
als ihm ein würdig Haupt zu finden.

Goethe

Mir wird von alledem so dumm,
als ging mir ein Mühlrad im Kopf herum.

Goethe

Ein Gran Kühnheit bei allem
ist eine wichtige Klugheit.

Gracian

Gescheit gedacht
und dumm gehandelt,
so bin ich meine Tage
durchs Leben gewandelt.

Grillparzer

Wie vernünftige Menschen oft sehr
dumm sind, so sind die Dummen
manchmal sehr gescheit.

Heine

Ein Kluger bemerkt alles – ein Dummer
macht über alles eine Bemerkung.

Heine

Ein bißchen Narrheit, das versteht sich,
gehört immer zur Poesie.

Heine

Zu allen Zeiten haben
die Kleinen für die Dummheiten
der Großen büßen müssen.

La Fontaine

Die ersten Entschließungen
sind nicht immer die klügsten,
aber gewöhnlich die redlichsten.

Lessing

Alles auf eimal tun zu wollen,
zerstört alles auf einmal.

Lichtenberg

Jeder Fehler erscheint unglaublich
dumm, wenn andre ihn begehen.

Lichtenberg

O, ich bin klug und weise,
und mich betrügt man nicht.

Lortzing

Der Fürst, der einen Weisen nährt
und ihn nicht fragt um Rat,
ist glcich dem Krüppel, der kein Bein
und doch ein Reitpferd hat.

W. Müller

Das sind die Weisen,
die durch Irrtum zur Wahrheit reisen,
die bei dem Irrtum verharren,
das sind die Narren.

Rückert

Der Narr stolpert
über den Abgrund,
in den der Weise
regelrecht hineinfällt.

Scheffel

Mein (der Poesie) unermeßlich Reich
ist der Gedanke, und mein geflügelt
Werkzeug ist das Wort.

Schiller

Nur reden will ich Dolche,
keine brauchen.

Shakespeare

Im Schwachen wirkt
die Einbildung am stärksten.

Shakespeare

Man schätzt den Staub,
ein wenig übergoldet, weit mehr als Gold,
ein wenig überstäubt.

Shakespeare

Gesegnet seien jene,
die nichts zu sagen haben
und den Mund halten.

Wilde

Wahrheit und Lüge

Wenn ich nicht Alexander wäre
möchte ich wohl Diogenes sein.

Alexander der Große

Die Wahrheit ist einfach,
der Irrtum vielfältig: aber wehe dem,
der meint, mit dem Einfachen
beginnen zu können.

Arntzen

Was die Wahrheit sei?
Näher kommt ihr das Gegenteil dessen,
das man für sie hält.

Arntzen

Wenn es nicht wahr ist,
ist es doch gut erfunden.

L. Ariosto

Wahrheit ist ein Ausgleich von
Gegensätzen.

Bahr

Verächtlich ist, wer als
Verleumder spricht, doch noch
verächtlicher der Hinterbringer.

Bodenstedt

Die Fassung der
Edelsteine erhöht ihren Preis,
nicht ihren Wert.

Börne

Es ist nichts zu fürchten als die Furcht.

Börne

Die Wahrheit ist das Kind der Zeit,
nicht der Autorität.

Brecht

Gib der Alltäglichkeit ihr Recht,
und sie wird dir mit ihren
Anforderungen nicht zur Last fallen.

Brentano

Enthaltsamkeit ist
das Vergnügen an Sachen,
welche wir nicht kriegen.

Busch

Der Beste muß mitunter lügen,
zuweilen tut er's mit Vergnügen.

Busch

Die Wahrheit ist ein Verdacht,
der andauert.

Campoamor

Eine der Wirkungen der
Furcht ist es, die Sinne zu verwirren
und zu machen, daß uns die Dinge
anders erscheinen als sie sind.

Cervantes

Eine ungeschickte Schmeichelei
kann uns tiefer demütigen als ein
unbegründeter Tadel.

Ebner-Eschenbach

Während ein Feuerwerk
abgebrannt wird, sieht niemand nach
dem gestirnten Himmel.

Ebner-Eschenbach

Sowie ein Dichter politisch
wirken will, muß er sich einer Partei
hingeben, und sowie er dieses tut,
ist er als Poet verloren.

Eckermann

Wahrheit ist der Gipfel des Seins.
Gerechtigkeit ist ihre Anwendung auf die
Praxis des Lebens.

Emerson

Der größte Lump im ganzen Land,
das ist und bleibt der Denunziant.

Fallersleben

Da ist klarste Kritik von der Welt,
wenn neben das, was ihm mißfällt,
einer was Eigenes, Besseres stellt.

Geibel

Lüge, wie sie schlau sich hüte,
bricht am Ende stets das Bein;
kannst du wahr sein nicht aus Güte,
lern' aus Klugheit wahr zu sein.

Geibel

Der Eifer der Arbeit wirkt oft in einer
Stunde mehr, als der mechanische,
schläfrige Fleiß in drei Stunden.

Gellert

Ein Ding mag noch so närrisch sein,
es sei nur neu, so nimmt's den Pöbel ein.

Gellert

Wo der Anteil sich verliert,
verliert sich auch das Gedächtnis.

Goethe

Aufrichtig zu sein,
kann ich versprechen, unparteiisch
zu sein aber nicht.

Goethe

Wer immer strebend sich bemüht,
den können wir erlösen.

Goethe

Das Betragen ist ein Spiegel,
in welchem jeder sein Bild sieht.

Goethe

Man muß nie seine Sachen sehen lassen,
wenn sie erst halbfertig sind.

Gracian

Niemand spricht eine Wahrheit aus,
die er nicht mit einem Irrtum
verzollen müßte.

Hebbel

Die Wahrheit ist die Meinung,
die immer überlebt.

Hubbard

Der Endzweck der Wissenschaft ist Wahrheit; der Endzweck der Künste hingegen ist Vergnügen.

Lessing

Wahrheit ist Selbsterkenntnis.

Lohberger

Wahrheit ist ein Tuch zum Kleiden, zwar das allerbeste, aber nicht auf alle Tage, nur auf hohe Feste.

Logau

Die Wahrheit , die überlebt, ist lediglich die am angenehmsten zu glauben ist.

Mencken

Eine Karikatur ist immer bloß einen Augenblick wahr.

Morgenstern

Die Wahrheiten des Menschen sind
die unwiderlegbaren Irrtümer.

Nietzsche

Im Abgrund wohnt die Wahrheit.

Schiller

Nur Beharrung führt zum Ziel,
nur die Fülle führt zur Klarheit,
und im Abgrund wohnt
die Wahrheit.

Schiller

Es geht nicht zu mit rechten Dingen!

Schiller

Schwer ist es, aus dem Geschrei
erhitzter Parteien die Stimme der
Wahrheit zu unterscheiden.

Schiller

Betrügen und betrogen werden,
nichts ist gewöhnlicher auf Erden.

Seume

Aufrichtig sein und ehrlich
bringt Gefahr.

Shakespeare

Um ein Königreich
bricht man jeden Eid.

Shakespeare

Die Politik ist eine Bühne,
auf der die Souffleure manchmal
lauter sprechen als die Darsteller.

Silone

Glück und Unglück

Die Fabel lehrt,
daß die Unglücklichen aus den
schlimmeren Leiden anderer
Trost schöpfen.

Aesop

Es ist ein Brauch von alters her:
Wer Sorgen hat, hat auch Likör.

Busch

Wenn du Not hast,
so klage sie dir und keinem anderen.

Claudius

Daß andere Leute kein Glück haben,
finden wir sehr natürlich,
daß wir selber keins haben,
erscheint uns immer unfaßbar.

Ebner-Eschenbach

Auf des Glückes großer Waage
steht die Zunge selten ein;
du mußt steigen oder sinken,
du mußt herrschen und gewinnen,
oder dienen und verlieren,
leiden oder triumphieren,
Amboß oder Hammer sein.

Goethe

Die Gegenwart des Elenden
ist dem Glücklichen nur zur Last,
und ach! der Glückliche
dem Elenden noch mehr.

Goethe

Dem Greifenden ist
meist Fortuna hold.

Goethe

Für andere frein ist bedenklich.

Goethe

Auch der Geringste, wenn er ganz ist,
kann glücklich und in seiner Art
vollkommen sein.

Goethe

Liegt dir gestern klar und offen,
wirkst du heute kräftig frei,
kannst auch auf ein Morgen hoffen,
das nicht minder glücklich sei.

Goethe

Das Glück fängt mir an
wetterwendisch zu werden.

Goethe

Himmelhoch jauchzend,
zu Tode betrübt.

Goethe

Lachen, Weinen, Lust und Schmerz
sind Geschwisterkinder.

Goethe

Märchen, noch so wunderbar,
Dichterkünste machen's wahr.

Goethe

Ach, neige, du Schmerzensreiche,
dein Antlitz gnädig meiner Not!

Goethe

Mir gäb es keine größre Pein,
wär ich im Paradies allein.

Goethe

Halte das Glück wie den Vogel:
so leise und lose wie möglich!
Dünkt er sich selber nur frei,
bleibt er dir gern in der Hand.

Hebbel

Ich glaube an den Fortschritt,
ich glaube, die Menschheit ist zur
Glückseligkeit bestimmt.

Heine

Denn vom Glück geliebt zu werden,
gleicht kein ander Glück auf Erden.

Herder

Der Glückliche bedarf den Glauben,
um nicht übermütig zu werden;
der Nichtglückliche aber
als Halt und der Unglückliche,
um nicht zu erliegen.

Humboldt

Glück und Schmerzlosigkeit
müssen wir dankbar annehmen und
genießen, aber nie fordern.

Humboldt

Das ganze Leben wird
dem Glücklichen zu kurz.
Dem Leidenden nimmt
eine Nacht kein Ende.

Jacobs

Es ist der Fehler des Jünglings,
sich immer für glücklicher zu halten,
als er ist.

Lessing

Wie glücklich würde
so mancher leben, wenn er sich
um andrer Leute Sachen
so wenig bekümmerte als
um seine eigenen.

Lichtenberg

Wer die Armut erniedrigt,
der erhöht das Unrecht.
Es ist nicht erniedrigend,
unglücklich zu sein;
aber den Unglücklichen zertreten,
das erniedrigt wahrhaft.

Pestalozzi

Die Klugen haben wahrhaftig
lange nicht so viel Beweglichkeit in die
Welt gebracht und so viel Glückliche
drin gemacht wie die Einfältigen.

Raabe

Zwischen Entweder und Oder
führt noch manches Sträßlein.

Scheffel

Ein jeglicher versucht
sein Glück, doch schmal nur
ist die Bahn zum Rennen.

Schiller

Wo nur eine Träne der Freude liegt,
liegen tausend Tränen
der Verzweiflung begraben.

Schiller

Können und Wissen

Was drei wissen,
das erfahren hundert.

Agricola

Ach, daß der Mensch so häufig irrt
und nie recht weiß, was kommen wird.

Busch

Nichts ist so elend als der Mann,
der alles will und der nichts kann.

Claudius

Wer sich an seine eigene
Kindheit nicht deutlich erinnert,
ist ein schlechter Erzieher.

Ebner-Eschenbach

Was die Epoche besitzt,
das verkündigen hundert Talente;
aber der Genius bringt ahnend hervor,
was ihr fehlt.

Geibel

Der hat's wahrhaftig als Poet
nicht hoch hinausgetrieben,
in dessen Liedern mehr nicht steht,
als er hineingeschrieben.

Geibel

Not lehrt beten!
Arbeit lehrt, wie man gegen Not
sich wehrt!

Gleim

Zwar weiß ich viel,
doch möcht' ich alles wissen.

Goethe

Weiß ich, womit du dich beschäftigst,
so weiß ich, was aus dir werden kann.

Goethe

Das Beste, was du wissen kannst, darfst
du den Buben doch nicht sagen!

Goethe

Der Dilettant verhält sich zur Kunst
wie der Pfuscher zum Handwerk.

Goethe

Wer sie nicht kennte,
die Elemente,
ihre Kraft
und Eigenschaft,
wäre kein Meister
über die Geister.

Goethe

Fähigkeiten werden vorausgesetzt;
sie sollen zu Fertigkeiten werden.
Dies ist der Zweck aller Erziehung.

Goethe

Jede, auch die geringste Fähigkeit
wird uns angeboren, und es gibt keine
unbestimmte Fähigkeit.

Goethe

Der geringste Mensch kann
komplett sein, wenn er sich innerhalb
der Grenzen seiner Fähigkeiten und
Fertigkeiten bewegt.

Goethe

Wir würden gar vieles kennen,
wenn wir es nicht zu genau
erkennen wollten.

Goethe

Wenn der Mensch alles leisten soll,
was man von ihm fordert,
so muß er sich für mehr halten,
als er ist.

Goethe

Der Mensch kennt alle Dinge der Erde,
aber den Menschen kennt er nicht.

Gotthelf

Denken und Wissen sollten immer
gleichen Schritt halten.
Das Wissen bleibt sonst tot
und unfruchtbar.

Humboldt

Das kleinste Kapitel
eigener Erfahrung ist mehr wert als
Millionen fremder Erfahrung.

Lessing

Es ist Unsinn, von neuen Eroberungen zu sprechen, wenn man nicht einmal Kräfte genug hat, sich im Besitze der schon gemachten zu erhalten.

Lessing

Es ist immer besser, daß ein Amt geringer ist als die Fähigkeiten.

Lichtenberg

Ein Starker weiß mit seiner Kraft hauszuhalten, nur der Schwache will über seine Kraft hinaus wirken.

Lichtenberg

Blinder Eifer schadet nur!

Lichtwer

Unsicherheit im Befehlen erzeugt Unsicherheit im Gehorchen.

Moltke

Was dir noch neu ist,
wird dich auch reizen;
was mir schon Spreu ist,
ist dir noch Weizen.

Rückert

Das Genie bleibt sich immer selbst
das größte Geheimnis.

Schiller

Gutes aus Gutem, das kann jedweder Verständige bilden; aber der Genius ruft Gutes aus Schlechtem hervor.

Schiller

Der Handwerksmann, der's allzugut will machen, verdirbt aus Ehrgeiz die Geschicklichkeit.

Shakespeare

Bildung kann die Zucht verfeinern, aber nicht ersetzen.

Spengler

Ich kenne alles, nur mich selber nicht.

Villon

Freiheit
und Abhängigkeit

Eine freie Nation kann einen Befreier haben, eine unterjochte bekommt nur einen andern Unterdrücker.

Arndt

Der Unterschied zwischen Freiheit und Freiheiten ist so groß als zwischen Gott und Göttern.

Börne

Je unfreier das Volk ist,
je romantischer wird seine Poesie.

Börne

Niemand ist frei, der nicht über sich selbst Herr ist.

Claudius

Nur der verdient Freiheit wie das Leben,
der täglich sie erobern muß.

Goethe

Niemand ist mehr Sklave, als der sich
für frei hält, ohne es zu sein.

Goethe

Sie streiten sich, so heißt's um
Freiheitsrechte! Genau besehen,
sind's Knechte gegen Knechte.

Goethe

Wie viele Menschen mögen denn
das freiwillig zugestehen, was sie am
Ende doch müssen?

Goethe

Gehorchen soll man mehr als immer
und zahlen mehr als je zuvor.

Goethe

Von der Gewalt,
die alle Wesen bindet,
befreit der Mensch sich,
der sich überwindet.

Goethe

Das wollen alle Herren sein,
und keiner ist der Herr von sich.

Goethe

Wer mit dem Leben spielt,
kommt nie zurecht;
wer sich nicht selbst befiehlt,
bleibt immer ein Knecht.

Goethe

Abhängigkeiten? Ja! Durch Liebe,
aber nicht durch Furcht.

Hauptmann

Die Freiheit ist der Charakter der
Vernünftigkeit.

Hegel

Der Knecht singt gern ein Freiheitslied
des Abends in der Schenke.

Heine

Der Geist hat seine ewigen Rechte;
er läßt sich nicht eindämmen
durch Satzungen.

Heine

Wer nicht Meister sein will,
muß eben Gesell bleiben und
Vorgesetzte haben sein Leben lang.

Keller

Es sind nicht alle frei,
die ihrer Ketten spotten.

Lessing

Mancher wähnt sich frei und siehet nicht
die Bande, die ihn schnüren.

Rückert

Freiheit ist nur in dem Reich
der Träume, und das Schöne blüht
nur im Gesang.

Schiller

Freiheit und Gleichheit!
hört man schallen.

Schiller

Es hebt die Freiheit siegend ihre Fahne.

Schiller

Kein Kaiser hat dem Herzen
vorzuschreiben.

Schiller

Wo keine Gerechtigkeit ist,
ist keine Freiheit,
und wo keine Freiheit ist,
ist keine Gerechtigkeit.

Seume

Abhängigkeit ist heiser, wagt nicht,
laut zu reden.

Shakespeare

Der eine fragt: Was kommt danach?
Der andere fragt nur: Ist es recht?
Und also unterscheidet sich
der Freie von dem Knecht.

Storm

Und Freie seid ihr nicht geworden,
wenn ihr das Recht nicht festgestellt.

Uhland

Tugend und Laster

Die größten Tugenden müssen
diejenigen sein, welche den
Nebenmenschen
am nützlichsten sind.

Aristoteles

Man kann die Tugend meiner Meinung
nach kurz und gut definieren als die
rechte Ordnung der Liebe.

Augustinus

Auch die Tugend ist eine Kunst,
und auch ihre Anhänger teilen sich in
Ausübende und bloße Liebhaber.

Ebner-Eschenbach

Der Mensch möchte vor den Folgen
seiner Laster bewahrt werden,
aber nicht vor den Lastern selbst.

Emerson

Es gibt vielleicht Frauen ohne Fehler.
Aber es gibt sicher Frauen,
deren größter Reiz in der
Vollkommenheit ihrer Fehler liegt.

Flaubert

Leichtes Leben verdirbt die Sitten,
aber die Tugendkomödie verdirbt
den ganzen Menschen.

Fontane

Von Natur aus besitzen wir keinen Fehler,
der nicht zur Tugend, keine Tugend,
die nicht zum Fehler werden könnte.

Goethe

Durch nichts bezeichnen die Menschen
mehr ihren Charakter als durch das,
was sie lächerlich finden.

Goethe

Meiner Idee nach ist Energie die erste und einzige Tugend des Menschen.

Humboldt

Der Hauptfehler des Menschen bleibt, daß er so viele kleine hat.

Jean Paul

Der Mensch muß der Leidenschaften zugleich fähig und mächtig sein.

Jean Paul

Egoisten sind wir alle; der eine mehr, der andere weniger! Der eine läßt seinen Egoismus nackend laufen, der andere hängt ihm ein Mäntelchen um.

Kotzebue

Es gibt kein grausameres Tier als einen Menschen ohne Mitleid.

Kotzebue

Die Menschen sind nicht immer, was sie scheinen. – Doch selten etwas Besseres.

Lessing

Der Charakter eines Menschen läßt sich aus nichts so sicher erkennen, als aus einem Scherz, den er übelnimmt.

Lichtenberg

Um andrer Leute Fehler zu sehen, verwandeln manche Menschen ihre Augen in Mikroskope.

Lichtenberg

Nichts Böses geschieht, wofür die
Menschen nicht einen Vorwand haben.

Menander

Der Charakter eines Menschen läßt sich
weniger daraus erkennen, was er
wünscht, als wie er es wünscht.

Mohr

Das Böse ist des Menschen beste Kraft.

Nietzsche

Des Menschen Schuldbuch
ist sein eigenes Gewissen;
darin durchstrichen wird kein Blatt,
noch ausgerissen.

Rückert

Die Tugend besteht nicht
im Verzicht auf das Laster, sondern
darin, daß man es nicht begehrt.

Shaw

In dieser Geschenkbuchreihe
sind erschienen:

Alles Gute!
Glückwünsche zu vielen Gelegenheiten

Ausgewählte Chinesische Weisheiten

Klassischer Zitatenschatz
Eine Auswahl

Das Horoskop
für alle Sternzeichen

Die schönsten Balladen und Gedichte

Geflügelte Worte
Eine Auslese

Rezepte aus Omas Küche

Gute Besserung
Heiteres und Besinnliches

Rätsel, Lieder und Gedichte
für Kinder

Gesammelte Weisheiten
für jeden Tag